LA RENAISSANCE ITALIENNE

Suivi éditorial : Laure Latanne
Mise en pages : Frédéric Vignals

Achevé d'imprimer en janvier 1996
sur les presses de l'imprimerie Mame à Tours
N° d'imprimeur : 13 870
Imprimé en France

ISBN : 2-08-010287-7
N° d'édition : 1105
Dépôt légal : mars 1996

TOUT L'ART Grammaire des styles

LA RENAISSANCE ITALIENNE

JEAN-FRANÇOIS BOISSET

Flammarion

1. Sandro Botticelli, *La Naissance de Vénus,* détail, v. 1485. Florence, Offices.

INTRODUCTION

À plus d'un égard, la Renaissance italienne représente une étape décisive dans le développement de la civilisation occidentale. Son éclosion au XVe siècle (le *Quattrocento*) puis son rayonnement exceptionnel au XVIe siècle (le *Cinquecento*) ont contribué pour une large part au passage de l'Europe médiévale à un nouvel âge : *les Temps modernes.* À elle seule, cette époque de recherche et de plénitude créatrice a réussi à forger de toutes pièces, au simple plan des arts, un système de représentation qui devait subsister, intact, jusqu'à la fin du XIXe siècle !

Introduire le poids de l'homme et de la nature dans les arts : ce parti pris réaliste avait déjà caractérisé une première réaction au XIVe siècle. À la place du schématisme médiéval, un Giotto avait su tirer alors du modelé un sens nouveau du volume et affirmer la consistance plastique de la figure et de l'objet dans leur cadre. Le premier aussi, grâce à l'intuition de la perspective, il avait commencé à situer ces derniers dans un espace plus articulé et plus cohérent. Mais les XVe et XVIe siècles italiens vont parachever cette vision anthropocentrique en assignant à la figure humaine une prééminence absolue. Traduction directe de la profession de foi nouvelle dans la raison et les ressources de l'esprit, cette démarche va donc prôner la dimension terrestre de l'homme à travers sa représentation par les arts. Et surtout, à l'origine d'un tel mouvement entre en œuvre un phénomène auquel cette aventure artistique doit son nom : la redécouverte du monde gréco-romain.

L'Antiquité sert alors de référence absolue. C'est le ferment de la nouvelle culture et l'alphabet de la régénération des arts. La Renaissance correspond donc, au sens premier du terme, à la redécouverte de cet héritage, à son interprétation ou, mieux, à son adaptation aux aspirations contemporaines. Pareille référence n'engendrera d'ailleurs aucune exclusive ni aucune uniformité. De l'Antiquité, on pourrait dire que chaque grande région créatrice exploite une tendance particulière : Florence l'élégance et la précision de la Grèce, Rome la gravité monumentale des Romains de la République et de l'Empire. Quant à Venise, elle approfondit une tradition « picturale » issue en partie de Byzance, dont le développement devait l'opposer en permanence au réalisme de la forme prôné par l'Italie centrale.

Au surplus, le morcellement géographique et politique de la péninsule assure aux milieux artistiques un compartimentage qui ne s'arrête pas aux centres principaux. En dehors de Florence, Venise, Rome ou Milan, le visage de la Renaissance demeurerait incomplet si on laissait pour compte la diversité des répliques et des variantes entretenue par des centres plus petits comme Urbin, Padoue, Mantoue ou Vérone.

Absence d'unité donc mais aussi absence de continuité. Rien de plus divergent que la *Première Renaissance* (au Quattrocento), ou époque de spéculation et de conquêtes essentielles – celles de la forme et du volume d'une part, celle des valeurs d'autre part –, et la *Renaissance classique* (au Cinquecento), brève période de consécration et de plénitude triomphante qu'interrompt dès les années 1530 une crise profonde marquée par les accents anticlassiques et le déséquilibre affecté du *Maniérisme.*

Mais chaque phase tirera de la leçon antique une justification et une image appropriées. À la poursuite de la vision plastique et spatiale du monde moderne, le Quattrocento verra en elle un instrument adapté à l'analyse, un répertoire favorable à l'exaltation de l'anatomie et de l'échelle humaine. De son côté, la pensée humaniste tirera du platonisme le fondement de la Beauté transcendantale, propice au langage complexe et savant de l'allégorie. Puis, cette forme constante et immuable de la Beauté, expression d'une connaissance intellectuelle et divine au-delà de l'approche sensuelle et rationnelle, l'ambition monumentale du XVIe siècle l'associera à un idéal d'harmonie et d'équilibre amplifié par l'image mythique du monde ancien.

Cet idéal prendra corps au moment même où la chrétienté tentera de fondre en une synthèse orgueilleuse et universelle l'Empire spirituel de la religion triomphante et l'Empire temporel de la Rome antique. Mais seul un Raphaël parviendra, un bref moment, à unir exigences esthétiques et fusion de l'esprit religieux et de l'esprit païen en une expression harmonieuse et totale. Dès cette époque, par des chemins différents, un Léonard de Vinci, au nom de l'expérience et du sentiment mystérieux de la vie, un Michel-Ange, au nom du dépassement spirituel et du jaillissement instinctif de l'être, auront déjà libéré la fixité de la forme et son adéquation à des lois éternelles. Et sur leurs traces, les dernières générations du siècle briseront définitivement l'équilibre de clarté de la Renaissance classique avant de forger, avec le langage de la Contre-Réforme, ce qui devait donner jour au siècle suivant à l'explosion baroque.

CHAPITRE I

LE QUATTROCENTO (XVe SIÈCLE) OU LA PREMIÈRE RENAISSANCE

3. Filippo Brunelleschi, la vieille sacristie, 1421-1446. Florence, église Saint-Laurent.

CARACTÈRES GÉNÉRAUX

Dans le nord de l'Italie subsiste, au début du siècle, l'esprit du « gothique international » commun alors à l'Europe septentrionale. Mais, entre 1400 et 1420, à Florence, en sculpture comme en peinture, une tendance adverse, annoncée par Giotto au siècle précédent, opte pour le rendu progressif du volume et la restitution de la troisième dimension dans l'espace, bientôt liée au respect de la perspective linéaire. Simultanément, l'architecture se caractérise par un retour sensible à la tradition antique et à la théorie. La seconde moitié du siècle voit le nouveau style toscan confronté, à l'extérieur, aux particularismes locaux et même aux recettes naturalistes venues des Pays-Bas. Et ce n'est qu'assez tard que Venise commence à opposer à la vision plastique des Florentins une autre conception, plus picturale, fondée sur le jeu des valeurs et les notations atmosphériques. En un siècle, la péninsule s'ouvre donc à trois expériences fondamentales : la conquête du volume et de la perspective, ou réalisme de la forme ; la conquête de la matière (par les Flandres), ou réalisme optique ; la conquête de la lumière, ou réalisme tonal de la vision.

L'ARCHITECTURE

Page ci-contre :
2. Filippo Brunelleschi, cathédrale Sainte-Marie-de-la-Fleur, 1420-1436. Florence.

LE RÔLE DÉTERMINANT DE FLORENCE

Au début du siècle, Florence consacre tous ses efforts à de nombreux chantiers publics : seconde porte du Baptistère, achèvement de la cathédrale Sainte-Marie-de-la-Fleur par la

4. Filippo Brunelleschi, chapelle des Pazzi, 1429-1446. Florence, Santa Croce.

pose d'une coupole (ill. 2), garniture des niches du Campanile et de l'église d'Or San Michele.

Filippo Brunelleschi (1377-1446). C'est au milieu de cette activité fébrile que Brunelleschi va bouleverser de manière fondamentale la conception de l'architecture. Le calcul harmonieux des proportions, l'insistance sur les horizontales et l'élégance fine des éléments du décor se remarquent déjà dans le portique de l'hôpital des Innocents (1419), souple adaptation de l'art roman local et de l'Antiquité. Une même harmonie raffinée et solide se dégage des jeux linéaires en pierre grise (*pietra serena*) et des volumes sur plan centré de la vieille sacristie de Saint-Laurent (ill. 3) et de la chapelle des Pazzi à l'église Santa Croce (ill. 4). À l'église Saint-Laurent (1420-1429) [ill. 5] et à l'église Santo Spirito (1435) enfin, l'une et l'autre à trois nefs, l'uniformisation de l'espace s'appuie en outre sur la tradition paléochrétienne du plan basilical. Mais à l'architecture gréco-romaine, Brunelleschi emprunte des éléments garants d'une articulation logique et rationnelle (pilastres, colonnes, fronton, entablement), dont il fixe rigoureusement les proportions d'après le module de base (la distance entre deux colonnes) hérité du traité romain de Vitruve. Dès lors, les proportions d'ensemble, fondées

5. Filippo Brunelleschi, vue intérieure de l'église Saint-Laurent, construite de 1421-1425 à 1442-1446. Florence.

6. Leon Battista Alberti, façade de Saint-André, 1472-1494. Mantoue.

sur un système de relation mathématique, et le traitement de l'espace se réclament d'une recherche de la clarté et de la cohésion qui va s'imposer comme idéal à l'époque.

La diffusion. Avec Leon Battista Alberti (1404-1472) s'affirme sur ces bases la fonction hautement intellectuelle de l'architecture considérée à présent comme un art majeur. Pièce maîtresse du nouvel humanisme, ce rationalisme triomphant aura pour principe fondamental la connaissance et l'interprétation de l'Antiquité. Entre la simple reconstitution (façade en arc de triomphe de Saint-François de Rimini, 1446-1450) et la libre variation (portique de Saint-André de Mantoue, vers 1470 [ill. 6]) dérivée des schémas gréco-romains, il y a place alors pour de nouvelles formules comme l'ordonnance apportée par Alberti à la façade de

7. Leon Battista Alberti, palais Rucellai, vers 1446-1451. Florence.

Sainte-Marie-Nouvelle (Florence, achevée en 1470). Son portail surmonté d'une arcade et, surtout, couronnant l'ensemble, son grand fronton triangulaire flanqué de volutes devaient connaître une postérité innombrable sous la Contre-Réforme.

Alberti fixe de même l'ordonnance du palais urbain. Aspect cubique et massif, bossages rustiques, cour intérieure (*cortile*) en arcades : sa physionomie générale venait d'être élaborée, dans le goût brunelleschien, par Michelozzo (1396-1472) au palais Médicis-Riccardi (Florence, 1444-1459). À ces volumes robustes, Alberti ajoute, au palais Rucellai (1446-1451) [ill. 7], une articulation harmonieuse entre la succession verticale des pilastres et les horizontales ininterrompues des bandeaux. Cette ordonnance, qui marque un progrès considérable dans le respect de la grammaire antique (superposition des ordres, fonction conforme du support comme soutien du linteau et non plus de l'arc), devait rencontrer en Europe un succès universel.

Autre programme qui connaît un renouvellement décisif, mais cette fois à la fin du siècle, la villa de campagne, avec Giuliano da Sangallo (1445-1516), perd tout accessoire défensif et, percée de portiques et de galeries en arcades, s'ouvre sur son cadre naturel (villa de Poggio a Caiano [ill. 8]).

L'ITALIE CENTRALE

Urbin. Plus que Sienne et l'Ombrie, c'est le centre d'Urbin, place forte des Montefeltro située à l'extrémité des Marches, qui occupe le premier plan dans la seconde moitié du siècle. Les transformations apportées par plusieurs architectes, dont Luciano Laurana (1420-1479), au palais ducal s'inscrivent dans le droit fil de la théorie albertienne, en particulier dans les proportions de la cour en arcades et l'ordonnance précise des intérieurs (escalier, encadrements de porte).

L'ITALIE MÉRIDIONALE

Rome. Avec Nicolas V, puis Sixte IV, Rome s'ouvre aux grands projets urbanistiques : tracés de voies, réfection d'églises dont Saint-Pierre, refonte du village de Pienza pour Pie II par le Florentin Bernardo Rossellino (1409-1464). Le palais de Venise et surtout le palais Riario (futur palais de la Chancellerie [ill. 9]), avec la superposition de ses deux loggias sur cour et l'affirmation de la travée rythmique, se réclament nettement de l'influence d'Alberti.

8. Giuliano da Sangallo,
villa Médicis.
Poggio a Caiano.
(Escalier modifié).

9. Palais de la
Chancellerie, 1483-1495.
Rome.

Naples. Alors sous la domination des Aragonais, Naples n'offre en architecture aucune contribution majeure aux idées nouvelles, excepté à la fin du siècle dans le programme de la maison de campagne. La villa de Poggio Reale, élevée par Giuliano da Majano (1432-1490) à la demande du roi Alphonse, renchérit encore sur le parti d'aération inauguré en Toscane. Autour d'une cour intérieure, le système des portiques délimite cette fois un véritable quadrilatère dont les quatre angles reçoivent quatre pavillons d'habitation.

L'ITALIE DU NORD

Le style lombard. En communication directe avec les courants nordiques et le gothique tardif venu de France et des Flandres, la Lombardie et son centre Milan marient ces influences aux schémas florentins introduits par un Michelozzo (Saint-Eustorge : chapelle Portinari). Ainsi se dégage un style spécifiquement lombard, enclin à la polychromie, à l'enchevêtrement et à la profusion ornementale qui va jusqu'à dissoudre la netteté des structures architectoniques inspirées par la Renaissance (dôme de Bergame : chapelle Colleoni [ill. 10]). Cette exubérance décorative se trouve contrebalancée par les vastes créations (Milan, grand hôpital) du Florentin le Filarete (1400-1465 ?) et les recherches spatiales du jeune Bramante (1444-1514) axées sur le plan central (Milan, Sainte-Marie-des-Grâces [ill. 11]).

Venise. Longtemps encore les influences orientales et gothiques fourniront à Venise l'essentiel de l'inspiration architecturale : asymétrie, polychromie, arcs brisés entrelacés aux quatrefeuilles (Ca'd'Oro, 1421-1440 [ill. 12]). Puis la ville cède à la pénétration du style lombard (palais des Doges : portique et arc Foscari) bientôt affiné par l'esprit local (palais Dario ; église Sainte-Marie-des-Miracles par Pietro Lombardo). À l'extrémité du siècle, sans rien perdre de sa fantaisie, cet art souple et coloré s'ouvre à des formes architectoniques inspirées par Alberti (façade de l'école de Saint-Marc ; palais Vendramin-Calergi par Mauro Codussi [ill. 13]).

Page ci-contre :
10. Chapelle Colleoni, 1470-1475. Bergame, cathédrale.

11. Bramante, église Sainte-Marie-des-Grâces, 1492-1499. Milan.

12. Palais de la Ca'd'Oro. Venise.

13. Mauro Codussi, palais Vendramin-Calergi. Venise.

14. Brunelleschi et Ghiberti, *Le Sacrifice d'Isaac* (concours de 1401 pour la seconde porte du baptistère de Florence). Florence, Bargello.

LA PRIMAUTÉ DE FLORENCE

Lorenzo Ghiberti (1378-1455). Lauréat du concours de 1401 relatif à la seconde porte du Baptistère (1401-1424) [ill. 14], Ghiberti incarne de manière brillante l'assouplissement de la tradition gothique au début du siècle. Avec lui, l'héritage de Giotto et de Nino Pisano se trouve renouvelé par un illusionnisme croissant, par la stylisation élégante du drapé et la finesse du modelé et des détails. La troisième porte du Baptistère, dite du « Paradis » (1425-1452), marque à la fois une évolution dans la surcharge et la virtuosité du relief, traité de manière quasi picturale, et une cohésion architectonique d'esprit nouveau.

Donatello (1386-1466). À l'inverse, Donatello opte pour l'énergie expressive et un réalisme sans apprêt. À l'origine de cette voie, qu'inaugure également un Nanni di Banco (1384 ?-1421), entre en œuvre la remise à l'honneur des ressources monumentales et synthétiques de l'anatomie. Mais l'art de Donatello, opposé aux raffinements et à la stylisation gothique,

15. Donatello, *Saint Georges*, v. 1415-1417. Florence, Bargello.

16. Donatello, *David*, v. 1430-1433. Florence, Bargello.

17. Donatello, *Martyre de Saint Laurent*, v. 1460-1466. Florence, chaire de l'église Saint-Laurent.

passe aussi par l'affirmation vigoureuse (*Saint Georges*, Florence, Bargello [ill. 15]) puis brutale (*Le Prophète Abacuc*, Florence, musée de l'Œuvre du Dôme) de la forme et de la dimension plastique de l'œuvre. Bien que raidi dans sa recherche de la tension, ce style sévère dispose toutefois d'une grande variété de techniques et de registres émotionnels : sensualité souple et spirituelle (*David*, Florence, Bargello [ill. 16]), ascétisme fruste et dépouillé (*Marie-Madeleine*, Florence, Baptistère), concentration « héroïque » dérivée des thèmes antiques (Padoue, *Monument équestre de Gattamelata*), effets de force primitive (Florence, chaire de Saint-Laurent [ill. 17]) tirés du *non finito* (état volontairement inachevé).

Son aisance dans l'art du relief fait également de Donatello le grand régénérateur de la discipline. Ainsi voient le jour de multiples innovations comme le relief à perspective générateur d'espace ouvert (*Le Miracle de l'âne*, Padoue, basilique Saint-Antoine), le relief écrasé en méplat (*rilieva schiacciato*) dont les dégradés successifs, créateurs de profondeur, confinent dans les arrière-plans à la simple gravure (*Le Festin d'Hérode*, Sienne, fonts du baptistère ; *La Crucifixion*, Florence, Bargello). À quoi s'ajoutent toutes les suggestions de l'ornement et du décor architectural (La *Cantoria*, Florence, musée de l'Œuvre du Dôme ; *Annonciation*, Florence, Santa Croce [ill. 18]).

18. Donatello, *L'Annonciation*, v. 1435. Florence, Santa Croce.

Le style adouci. Un style serein et souple, dit « style adouci », n'en domine pas moins à Florence où l'emporte davantage l'enseignement de Ghiberti que l'exemple, plus isolé, de Donatello. Un Luca della Robbia (1400-1482), bientôt à la tête d'un important atelier, met en avant l'aspect suave de cette manière et la souplesse de son modelé (la *Cantoria*, Florence, musée de l'Œuvre du Dôme) qu'il adapte bientôt à la terre cuite polychrome (ill. 19). Dans ses bustes en particulier, un Desiderio da Settignano (1438-1464) opère quant à lui une synthèse heureuse entre cette manière et la vigueur plastique de Donatello.

19. Luca della Robbia, *Tondo* en terre cuite, voûte de la chapelle du cardinal du Portugal, 1461-1462. Florence, San Miniato.

Les grands thèmes. Parmi les grands thèmes, figuratifs et décoratifs, élaborés à Florence, on retiendra surtout le retour, sous l'influence de l'Antiquité, à la *statue grandeur nature* : homme drapé à la romaine, figure assise. L'Antiquité suscite également, chez Donatello, la renaissance du *nu* et du *monument équestre* en bronze. Donatello dégage aussi des mêmes sources le type léger et sensuel des *putti* (la *Cantoria*) : jeunes bambins espiègles, à mi-chemin des petits anges et de Cupidon, qui vont envahir architecture et peinture. Autre programme dérivé du monde gréco-romain, le thème du *tombeau* suspendu (en marbre), conçu par Bernardo Rossellino (1409-1464) comme un grand arc monté sur pilastres abritant catafalque et sarcophage à l'antique, s'enrichit, avec son frère Antonio (1427-1479) d'effets picturaux et scéniques (San Miniato, *tombeau du cardinal du Portugal*, 1459 [ill. 20]). Ces *motifs architecturaux d'encadrement* (arcs, frontons, colonnes, pilastres, voûtes à caissons), générateurs d'effets plastiques et de perspective, s'attachent aussi à des programmes moins monumentaux comme les reliefs, les bénitiers, les tabernacles, les niches, les autels. À quoi il faut ajouter d'autres nouveautés comme le type de composition circulaire en *tondo*, souvent modelé en terre cuite dans le style adouci par l'atelier des Della Robbia, et, dans le portrait, la composition en *buste* réaliste (Donatello : *Saint Rossore*, Florence, Bargello) ou retenue (Desiderio : *Jeune dame*, *idem*).

Les ateliers de la fin du siècle : le bronze. Face au courant éclectique et ornemental du milieu du siècle (celui d'un Benedetto da Majano par exemple à la chaire de Santa Croce), deux ateliers vont imposer un retour aux grands programmes et aux

20. Antonio Rossellino, *Tombeau du cardinal du Portugal*, 1459. Florence, San Miniato.

exigences du réalisme : celui d'Antonio del Pollaiuolo (1432 ?-1498) et celui d'Andrea del Verrocchio (1435-1488). Cette réaction correspond aussi à un épanouissement exceptionnel du travail du *bronze*, appliqué à des thèmes monumentaux comme la *statue équestre* ou mineurs comme les *plaquettes* et les *statuettes* à l'antique. À ces petits formats, auxquels il insuffle une musculature fougueuse quoique précise et une cohésion plastique d'esprit novateur (*Hercule et Antée*, Florence, Musée national), Pollaiuolo réserve aussi tous ses soins. Quant à Verrocchio, le créateur essentiel de la fin du siècle, son art, moins ramassé que celui de Donatello, plus ouvert au souci anatomique et au rendu des détails comme aux ruptures des contours et de la ligne, aboutit à un renouvellement décisif (*David*, Florence, Musée national). Avec lui, la maîtrise du mouvement, saisi à travers une grande richesse de plans et d'angles de vue (*Petit Génie ailé au dauphin*, Florence, cortile

21. Andrea del Verrocchio, *Monument équestre de Colleoni*, fondu entre 1490 et 1495. Venise, place Saint-Jean-et-Saint-Paul.

du Palais vieux), assigne à la sculpture, libérée de la seule position frontale, une définition complète dans l'espace (*Monument équestre de Colleoni*, Venise [ill. 21] ; *Le Christ et saint Thomas*, Florence, Or San Michele [ill. 22]).

L'ITALIE CENTRALE

À Sienne, où la tradition de la sculpture rehaussée de couleur demeure vivace, seul Jacopo della Quercia (ill. 23) peut opposer un art robuste (*fontaine Gaia*) à l'influence florentine, laquelle débute assez vite avec la collaboration de Ghiberti aux fonts baptismaux. Mais rares seront les novateurs, comme Lorenzo di Pietra, dit Vecchietta (1412-1480), et son élève surtout Francesco di Giorgio Martini (1439-1502), qui assimileront en partie la leçon de Donatello.

22. Andrea del Verrocchio, *Incrédulité de saint Thomas*, v. 1465. Florence, église Or San Michele.

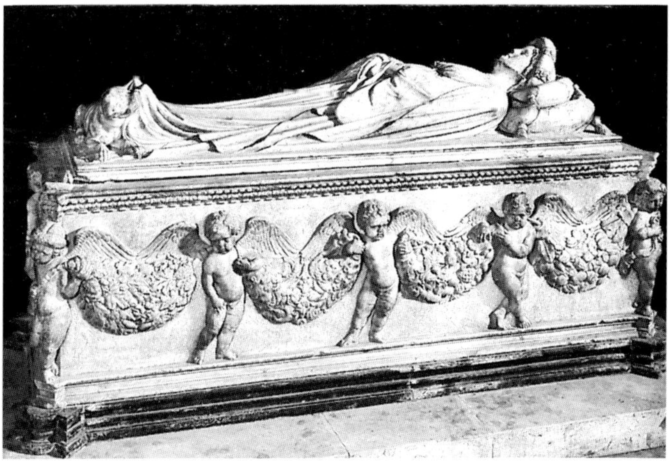

23. Jacopo della Quercia, *Tombeau d'Ilaria del Carretto*, 1407. Lucques, cathédrale.

24. Chartreuse de Pavie, détail d'une fenêtre.

L'ITALIE MÉRIDIONALE

Bien qu'ouverte aux influences toscanes puis lombardes, Rome vivra surtout à la fin du siècle sous l'emprise de l'atelier d'Antonio del Pollaiuolo. Ce dernier y exécute le *Monument en bronze de Sixte IV* (Le Vatican, grottes vaticanes, 1484-1494), amplifié sous son édicule par le relief puissant des figures allégoriques, puis celui d'*Innocent VIII* (Saint-Pierre, 1498) d'esprit déjà baroquisant.

L'ITALIE DU NORD

La Lombardie. Le style lombard, tel qu'il est apparu au début du siècle sur le chantier du dôme de Milan, se distingue par sa prédilection pour un fouillis ornemental d'esprit « gothique flamboyant ». On le retrouve, vivace, sous le ciseau de l'architecte et sculpteur Giovanni Antonio Amadeo (1447-1522) qui, avec son atelier, parvient à dissoudre l'articulation architecturale de la façade sous l'enchevêtrement des reliefs, des niches, des statues et des effets polychromes (Bergame, chapelle Colleoni, 1470-1475 [ill. 10] ; façade de la chartreuse de Pavie, 1491-1498 [ill. 24]).

La Vénétie. À partir de 1443, elle subit l'influence de Donatello qui exécute à Padoue le maître-autel de la basilique Saint-Antoine, dont l'encadrement architectural exercera une influence décisive, y compris sur la peinture. Avec le Florentin, pénètre également dans le Nord la technique de la fonte du bronze (*Monument équestre de Gattamelata*, Padoue). Ainsi Bartolommeo Bellano fils (né en 1434), son propre élève Andrea Briosco, dit le Riccio (1470-1532), et le Mantouan Piero Bonacolsi, dit l'Antico (1460-1528), se spécialisent dans la production de petits bronzes d'inspiration mythologique, qu'ils poursuivront au siècle suivant.

Venise. Fidèle à l'esprit du gothique tardif, Venise dans un premier temps se borne à « naturaliser » le style lombard et ses chapiteaux fouillés, ses statues juchées sur des pinacles.

Ainsi procède l'atelier de Giovanni et Bartolomeo Bon au palais des Doges (porte della Carta ; portique et arc Foscari), bientôt suivis par Antonio Rizzo (actif jusqu'en 1498). Mais chez ce dernier, le canon des figures se dégage peu à peu de la stylisation linéaire au profit de la franchise des volumes (*Adam* et *Ève* de l'arc Foscari [ill. 27 et 26]). L'ordonnance du tombeau pariétal connaît une cohésion grandissante (*Monument Tron*, Santa Maria Gloriosa dei Frari). Quant à Pietro Lombardo (1435-1515) et à son fils Tullio (1457-1532), ils orientent progressivement le même programme vers une structure architectonique unifiée (*Monument de Giovanni Mocenigo*, Saint-Jean-et-Saint-Paul) aux rythmes plus simples et plus hiérarchisés (*Monument Vendramin*, *idem* [ill. 25]).

25. Pietro Lombardo, *Tombeau du Doge Vendramin*. Venise, Saint-Jean-et-Saint-Paul.

26. Antonio Rizzo, *Ève*, v. 1470 (?). Venise, niches de l'Arco Foscari.

27. Antonio Rizzo, *Adam*, v. 1470 (?). Venise, niches de l'Arco Foscari.

Jusque dans les années 1420, Florence demeure encore fidèle au goût linéaire et coloriste du Siennois Lorenzo Monaco. À cette tendance s'ajoute l'art courtois et « miniaturiste » du « gothique international », rehaussé de détails naturalistes et d'effets de matière, qu'introduit un Gentile da Fabriano (*L'Adoration des Mages*, 1423, Florence, Offices [ill. 28]).

FLORENCE : LA PREMIÈRE GRANDE DÉCOUVERTE

L'initiateur : Masaccio (1401-1428). À ces tendances gothiques, recueillies mais renouvelées dans un goût ghibertien par son maître Masolino (1389-1435 ?), le jeune Masaccio va opposer une démarche radicalement différente, inspirée par les recherches de ses aînés Donatello et Brunelleschi. Au sculpteur, il emprunte l'énergie plastique, la concentration grave et « héroïque » qu'il obtient grâce à l'affirmation des volumes et du modelé par les valeurs (cycle de l'*Histoire de saint Pierre*, Florence, chapelle Brancacci de Santa Maria del Carmine, 1426-1428 [ill. 29 et 30]). À l'architecte, l'effet illusionniste de

28. Gentile da Fabriano, *L'Adoration des Mages*, 1423. Florence, Offices.

29. Tomaso Masaccio, *Adam et Ève chassés du Paradis*, 1427. Florence, Santa Maria del Carmine, chapelle Brancacci.

30. Tomaso Masaccio, *Le Tribut de saint Pierre* (détail), 1426. Florence, Santa Maria del Carmine, chapelle Brancacci.

la profondeur par le relais de la perspective architecturale. Une niche ou une arcade feinte, voûtée en berceau, encadrera par exemple sa fresque de la *Trinité* (Florence, Sainte-Marie-Nouvelle, 1426-1427). La traduction sensible du volume, la restitution dans l'espace de la troisième dimension au moyen de la perspective rationnelle : ces découvertes fondamentales vont ouvrir la voie à la Renaissance et déterminer l'évolution de la peinture européenne pendant plusieurs siècles.

La diffusion. À ces conquêtes essentielles, qu'ils vont diffuser largement à l'extérieur, les Florentins n'apportent cependant pas une réponse uniforme.

Le *prestige de la couleur* séduit encore un Domenico Veneziano (1410-1461) dont le réalisme adouci, le coloris raffiné s'accommodent toutefois de recherches spatiales d'esprit mo-

derne (*Vierge en majesté*, Florence, Offices). De la même manière, un Fra Giovanni da Fiesole, dit l'Angelico (1400 ?-1455), demeure aussi porté aux teintes enluminées et suaves qu'au nouveau sentiment de l'espace (*Grand Couronnement de la Vierge*, Louvre). Un Fra Filippo Lippi (1406-1469) se montre tantôt épris de modelé plastique, tantôt de phrasé linéaire relevé de tons vifs et précieux. Et jusqu'assez tard, un Benezzo Gozzoli (1420-1497) préférera revenir, dans ses fresques du palais Médicis-Riccardi, à la fable courtoise et à un art de cour pittoresque partagé entre les derniers accents du « gothique international » et le « style adouci » d'esprit ghibertien.

Le dogme du dessin s'impose en revanche à Paolo Doni, dit Uccello (1397-1475) [ill. 31], que travaillent jusqu'à la crispation ses recherches sur la perspective (*Le Déluge*, Florence, cloître vert), mais chez qui percent parfois quelques réminis-

31. Paolo Uccello, *Saint Georges et le dragon*, 1456-1460. Paris, musée Jacquemart-André.

cences d'esprit gothique (*La Chasse au cerf*, Oxford, Ashmoleum Museum). Très proche de Masaccio par la puissance du modelé, Andrea del Castagno (1423-1457) opte pour l'exaltation héroïque des anatomies. Mais la tension de ses figures monumentales, traitées comme des statues, confère à l'œuvre une dureté plastique exceptionnelle (Florence, fresques du couvent de Sant'Apollonia, 1445-1450).

Les thèmes d'avenir, élaborés à Florence, comptent parmi eux l'apparition de la *sacra conversazione* : assemblée de saints autour de la Madone, inaugurée par l'Angelico, que l'on retrouvera désormais sur la plupart des *pala* (tableau d'autel) de la Renaissance italienne. La pala pourra se combiner avec les encadrements d'architecture feinte tout comme le décor profane que gagne également la représentation de la *figure grandeur nature*, en particulier dans les cycles d'Hommes et de Femmes illustres inspirés par la littérature antique (Legnaia, villa Carducci par Andrea del Castagno). Dans l'un et l'autre cas, la technique privilégiée, considérée en raison de ses difficultés techniques comme la plus noble, est la *fresque* (peinture murale sur enduit frais exécutée pendant la durée du séchage).

Page ci-contre :
33. Sandro Botticelli, *La Naissance de Vénus*, v. 1485. Florence, Offices.

Le milieu florentin de la fin du siècle. À partir du milieu du siècle, le centre créateur se déplace vers l'Ombrie puis vers la Vénétie. Aux recherches anatomiques d'un Castagno, Antonio del Pollaiuolo, également peintre, ajoute les recettes du réalisme flamand dans le rendu du paysage (ill. 32). De son côté, Sandro Botticelli (1445-1510), lié au cercle néoplatonicien des Médicis, se distingue par un graphisme et un coloris d'un grand raffinement intellectuel (*Primavera*, Florence, Offices ; *La Naissance de Vénus*, *idem* [ill. 33]). Puis, avec l'âge, l'élégance animée de la ligne se fait sans cesse plus expressive (*La Calomnie*, Florence, Offices) avant de choir dans un archaïsme religieux (*Nativité*, Londres, National Gallery). Dans son sillage, Filippino Lippi (1457-1504) exploite cette exaltation spiritualiste de la forme, non sans enrichir en virtuose le répertoire décoratif de la peinture à fresque (Sainte-Marie-Nouvelle, chapelle Strozzi). À l'inverse, Domenico Ghirlandaio (1449-1494) replace le genre dans un cadre réaliste et quotidien servi par un sens de la perspective plus tempéré et une attention plus sensible au détail (*Légende de saint François*, Santa Trinita, chapelle Sasetti).

32. Antonio Pollaiuolo, *Hercule et Antée*, v. 1470. Florence, Offices.

L'ITALIE CENTRALE

D'une manière générale, Sienne demeure fidèle au tracé linéaire, au compartimentage, aux fonds d'or et aux préciosités d'enluminure du siècle précédent, malgré les efforts de naturalisation du style florentin tentés par un Francesco di Giorgio Martini (1439-1502) ou un Matteo di Giovanni (1430-1495).

34. Piero della Francesca, *La Flagellation*, 1455. Urbino, palais ducal.

Arezzo et Urbin : l'apport de Piero della Francesca. De formation florentine, Piero della Francesca (1416-1492) dépasse la leçon de Masaccio en fondant ensemble souci de la perspective et raffinement de la couleur (ill. 34). Son art monumental, qui opte pour une mâle simplification des contours et la réduction de l'architecture à sa simple stéréotomie, rejoint aisément la veine épique par sa puissance d'exécution (Arezzo, Saint-François, *Légende de la croix*, 1452-1459). Tardivement, il tentera d'enrichir l'espace architectural d'un espace aérien fondé sur les effets de surface et de lumière (*Pala de Montefeltro*, Milan, Brera, vers 1472 [ill. 35]).

L'Ombrie. Sous l'influence de Venezanio, de l'Angelico et de Gozzoli, le centre de Pérouse se forge un art souple et original, épris de coloris clair et de larges compositions dont l'esprit harmonieux, joint à la maîtrise de l'espace hérité de Piero della Francesca, va caractériser les conceptions spacieuses (*La Remise des clefs*, Rome, Vatican, chapelle Sixtine) du jeune Pietro Vannucci, dit le Pérugin (1450-1523). À l'inverse, un Luca Signorelli (1450-1523) se rapproche de Castagno par son

35. Piero della Francesca, *Pala de Montefeltro*, 1472-1474. Milan, Brera.

style dur, l'exaltation plastique et expressive du nu, qu'il complique toutefois d'éclairages brusques et dramatiques (*Le Jugement dernier*, cathédrale d'Orvieto, chapelle Saint-Brice).

L'ITALIE MÉRIDIONALE

À Rome, la leçon de Piero affecte le grand décor en la personne de Melozzo da Forli (1438-1494). La décoration de la chapelle Sixtine au Vatican, à partir de 1481, entraîne l'ouverture d'un grand chantier où s'illustrent tour à tour Florentins et Ombriens. Aux appartements Borgia (Vatican, 1492-1495), Bernardino di Betto, dit Pinturicchio (1454-1513), élève du Pérugin, met au point un aimable répertoire décoratif, inspiré de l'Antiquité, qui anticipe sur les « grotesques » du XVIe siècle.

36. Antonello de Messine, *Saint Jérôme dans son cabinet*, 1475. Londres, National Gallery.

Naples et Sicile : l'apport d'Antonello de Messine (1430 ?-1479). L'Italie du sud demeure attachée dans l'ensemble au style de cour du « gothique international ». Mais, à la fin du siècle, le contact avec la peinture des Pays-Bas (celle de Van Eyck et de Van der Weyden) exerce une influence déterminante sur l'art d'Antonello de Messine. Influence technique avec l'adoption de couleurs à l'huile, par nature plus riches que les couleurs à l'œuf en effets de transparence et de matière. Influence stylistique avec le goût pour le rendu fidèle et sensuel du détail (*Saint Jérôme dans son cabinet*, Londres, National Gallery [ill. 36]) et de la physionomie (*Portrait d'homme*, Turin, Musée municipal). À ces atouts s'ajoutent bientôt, sous l'influence de Piero della Francesca, un intérêt progressif pour les effets de perspective et la définition de l'objet et du volume dans l'es-

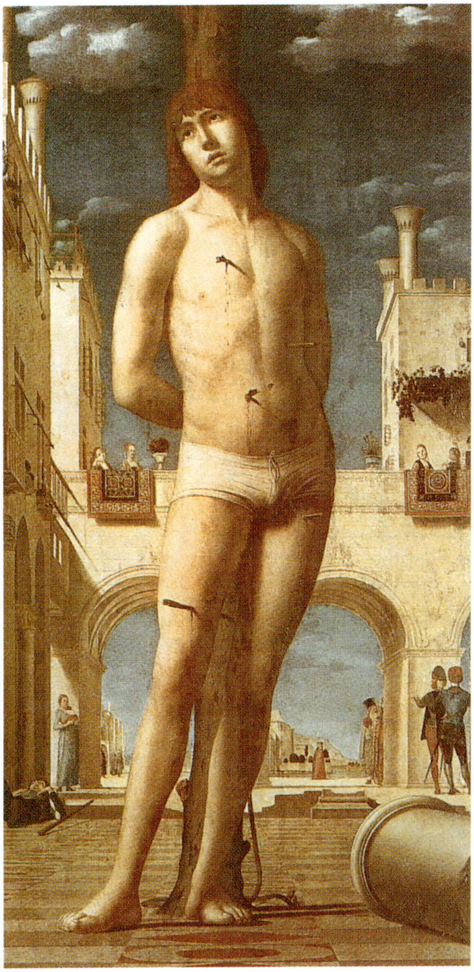

37. Antonello de Messine, *Saint Sébastien*, v. 1476. Dresde, Gemäldegalerie.

pace. Mais Antonello assimile ensuite cette formulation spatiale à des recherches sur la lumière et le chromatisme (*Saint Sébastien*, Dresde [ill. 37]) qui, à la faveur de ses voyages, devaient déterminer le cours de la peinture vénitienne.

L'ITALIE DU NORD

La Lombardie : le « sfumato » de Léonard (1452-1519). Elle demeure longtemps fidèle au répertoire nordique puis s'ouvre aux schémas toscans avec un Vicenzo Foppa (1427-1517). Enfin, à partir de 1482, l'arrivée de Léonard de Vinci, homme de curiosité universelle, à la cour des Sforza à Milan renouvelle de manière fondamentale l'horizon artistique (*La Cène*,

Sainte-Marie-des-Grâces). De sa formation florentine chez Verrocchio, ce dernier a conservé un sens souple du modelé et du contour qu'il s'efforce de fondre, avec son « *sfumato* » (effets de fondu, de tons vaporeux), dans un jeu de matière et un climat poétique gouvernés par le clair-obscur et les dégradés subtils d'ombre et de lumière (*Adoration des Mages*, Florence, Offices).

L'attention nouvelle aux états d'âme et au sentiment mystérieux de la vie entraîne une certaine indécision des formes et, pour la première fois, isole moins la figure par la définition du trait qu'elle ne tend à l'unir au cadre, à l'associer au paysage (*La Vierge aux rochers*, Louvre, National Gallery [ill. 38]).

Page ci-contre :
38. Léonard de Vinci, *La Vierge aux rochers*, v. 1508. Londres, National Gallery.

La Vénétie : la manière dure d'Andrea Mantegna (1431-1506). À l'influence de Gentile da Fabriano, champion du « gothique international », répond d'abord en Vénétie celle d'Antonio Pisano, dit Pisanello (1395 ?-1450 ?), artiste précieux, épris de transcription naturaliste et de graphisme mais créateur de la médaille moderne (ill. 91). Face à ce courant archaïque, Andrea Mantegna exerce, à partir du milieu du siècle, une influence comparable à celle de Piero dans le centre. Ses fresques sur *La Vie de saint Jacques* à Padoue (chapelle Ovetari des Eremitani) dépassent par leur radicalisme les recherches toscanes sur la perspective et le volume. Au formalisme florentin, il substitue une manière dure, la tension des raccourcis (*Le Christ mort*, Milan, Brera [ill. 39]), une nature minérale (*Crucifixion*, Louvre [ill. 40]) et un coloris froid, sans nuance (*Saint Sébastien*, Louvre [ill. 41]). Outre son modelé expressif, il emprunte à Donatello le système d'encadrement architectural d'esprit antiquisant, avec fronton monté sur pilastres ou colonnes, mais dont le tableau continue la perspective (triptyque de Saint-Zénon de Vérone). Cet esprit « archéologique », à l'origine d'un répertoire décoratif homogène (triomphes équestres, bacchanales, tritons, médaillons et drapés à l'antique) sera diffusé par ses gravures. Au palais ducal de Mantoue, à la demande des Gonzague, il jette enfin les bases du grand décor mural étendu aux éléments architectoniques.

L'École de Ferrare. La cour de Ferrare n'échappe pas à un tel courant. Son peintre officiel, Cosme Tura (1430 ?-1495), développe une manière romantique et monumentale que distingue le rendu insistant et quasi insolite des effets de matière. À ses

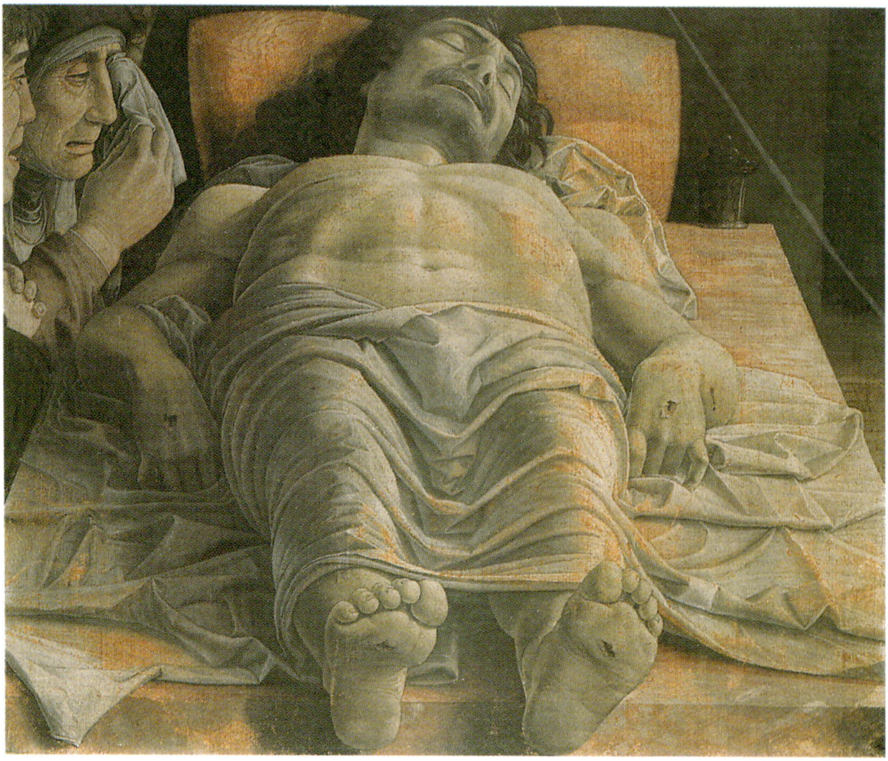

INRI

41. Andrea Mantegna,
Saint Sébastien, 1480.
Paris, musée du Louvre.

Page ci-contre :
39. Andrea Mantegna,
Le Christ mort,
1480-1484. Milan, Brera.

40. Andrea Mantegna,
Retable de Saint-Zénon
(Vérone) : *Crucifixion*
(élément de la prédelle),
1457-1459.
Paris, musée du Louvre.

42. Giovanni Bellini, *Pala de San Giobbe*, 1487. Venise, galerie de l'Académie.

côtés, Francesco Del Cossa (1436 ?-1478 ?) et Ercole de'Roberti (1450 ?-1496 ?) collaboreront au décor du palais Schifanoia.

VENISE : LA SECONDE GRANDE DÉCOUVERTE

À Venise, la peinture demeure d'abord attachée à la tradition gothique que rehaussent quelques accents byzantins. À ce fond traditionnel, sensible au prestige de l'or et des ornements somptueux, l'école de Murano, représentée par les Vivarini, intègre peu à peu le langage formel de Mantegna. Mais seul Carlo Crivelli (1430 ?-1495) dégagera de ces tendances un style aux accentuations plastiques et aux couleurs outrées.

De leur côté, les Bellini, formés à la leçon des Véronais et de Gentile da Fabriano, s'engagent dans une tout autre direction. Si le père, Jacopo (1400 ?-1476), se complaît encore dans un éclectisme très imaginatif, son premier fils, Gentile (1429-1507), servi par des dons d'observateur, s'impose à la fois comme portraitiste officiel (*Lorenzo Giustiniani*, Venise, Académie) et comme chroniqueur de la vie publique ou anecdotique (*Légende de la vraie croix*, Venise, Académie). Cette œuvre descriptive, première du genre *vedutiste* dans la péninsule, marquera profondément un Vittore Carpaccio (1455 ?-1526).

Giovanni Bellini (1430-1516) : l'initiateur. Giovanni enfin, après avoir souscrit à l'art de son beau-frère Mantegna, soumet ensuite la recherche de l'effet plastique et de la perspective au rayonnement intérieur de ses figures et à l'impression d'unité des personnages par rapport au paysage (*Couronnement de la Vierge*, Pesaro, Musée municipal). L'originalité de cette démarche, qui va s'imposer à Venise, se reconnaît à l'importance dévolue au paysage comme thème idéal de la nouvelle approche « picturale ». C'est que, rompant alors avec l'héritage de Donatello et de Mantegna, Giovanni, sous l'influence d'Antonello de Messine, substitue progressivement à la tension linéaire et rigide des masses et des contours un modelé plus souple obtenu par la couleur et la lumière (*Pala de San Giobbe*, 1486-1487, Venise, Académie [ill. 42]). L'éclairage conduit ainsi aux notations atmosphériques (*La Transfiguration*, Naples, musée de Capodimonte). Dès lors, la recherche des valeurs tonales – gage d'unité et d'harmonie réalisées entre la figure et le paysage – va représenter un autre système de perception et de construction du tableau. À côté de la définition de l'espace par la perspective, c'est la seconde conquête capitale de la Renaissance.

CHAPITRE II

LE CINQUECENTO (XVIe SIÈCLE) OU LA SECONDE RENAISSANCE

CARACTÈRES GÉNÉRAUX

Les années 1500-1530, période de « la Renaissance classique », représentent une sorte de marche triomphale vers la pleine maîtrise des moyens d'expression. Cet épanouissement exceptionnel s'incarne toutefois dans un équilibre plus dynamique, plus expressif que celui que le Quattrocento avait cru découvrir dans le purisme géométrique ou la traduction spatiale par le dessin. D'où une tentation croissante de jouer de tous les prestiges de la matière, un besoin général d'échelle monumentale, parfois même porté au gigantisme. C'est que l'ambition de s'élever de l'individu au type, à l'universel passe par une interprétation de l'Antiquité tout orientée par le souci d'harmoniser l'esprit païen et l'esprit religieux, l'humanisme et le dogme officiel. Pour ces motifs, l'obligation d'atteindre le mode « héroïque », sans rompre avec la clarté et l'apparence du monde sensible, donne jour, avec un Raphaël, à de grands ensembles décoratifs et allégoriques empreints d'un équilibre ample et majestueux. Une telle synthèse, que seuls réaliseront quelques rares artistes comme Raphaël ou Titien, cédera vite la place à d'autres exigences qui, pour naître de la curiosité poétique d'un Léonard ou du dépassement tourmenté d'un Michel-Ange, aboliront la fixité de la forme classique et sa soumission à des lois immuables et universelles. En ce sens, le XVIe siècle va coïncider avec une affirmation croissante de la personnalité intime de l'artiste et de sa singularité dont l'exacerbation devait avoir finalement raison de l'idéal de la Renaissance. Dans son ensemble, l'exceptionnelle impulsion artistique de l'époque n'en a pas moins été servie

Page ci-contre :
43. Donato Bramante, Tempietto, v. 1480-1500. Rome, San Pietro in Montorio.

44. Projet primitif pour la nouvelle basilique Saint-Pierre, médaille de Caradosso, 1503. Paris, Bibliothèque de France, cabinet des Médailles.

par des structures adéquates. Le début du siècle, soit la Renaissance triomphante, voit Rome s'imposer à nouveau comme le centre culturel et politique de l'Europe. Les pontificats de Jules II (1503-1513) et de Léon X (1513-1521) lui confèrent jusque dans l'urbanisme le rang de grand État moderne. Et seuls Venise et Florence pourront lui opposer un rayonnement substantiel. Puis, le sac de Rome par les Impériaux en 1527 ouvre une crise à laquelle va correspondre une autre phase artistique.

L'ARCHITECTURE

LA PRIMAUTÉ DE ROME

Les travaux d'urbanisme lancés par Jules II (tracés de voies, dégagement du Capitole et des abords du Tibre) entraînent un vaste mouvement architectural dans la cité.

La leçon de Bramante. Promu inspecteur de ces chantiers, Donato di Angelo Bramante (1444-1514) dépouille au contact des ruines antiques son style milanais de tout artifice illusionniste et décoratif. Le souci de la cohésion monumentale s'impose à lui à travers le traitement logique des supports (cloître de Sainte-Marie-de-la-Paix) et la maîtrise des volumes (Tempietto de San Pietro in Montorio, 1503 [ill. 43 et 46]). Mais surtout l'emploi correct des ordres, qui découle d'une étude

45. Donato Bramante, plan de Saint-Pierre de Rome en croix grecque.

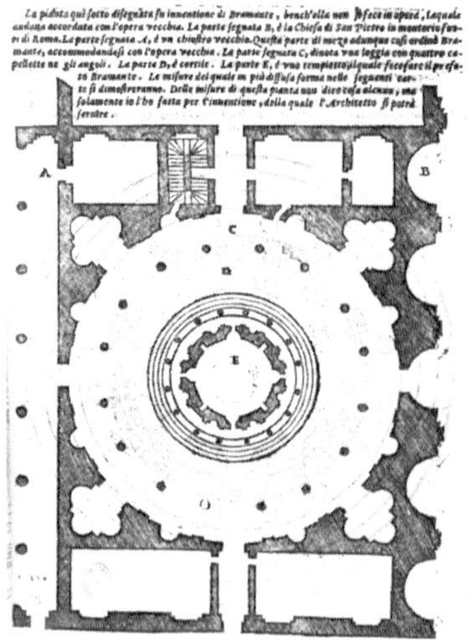

46. Sebastiano Serlio, plan gravé du Tempietto. Paris, Bibliothèque de France, cabinet des Estampes.

47. Palais du Belvédère : vue plongeante sur l'escalier hélicoïdal. Rome, Vatican.

approfondie de Vitruve, est assimilé alors à un cadre général d'ordonnance de la façade (Vatican, aménagement de la cour du Belvédère, défiguré depuis [ill. 47]). À quoi s'ajoutent des recherches sur le plan central chères, on l'a vu, à l'école milanaise. La reconstruction de Saint-Pierre lui permet de porter à sa perfection le plan en croix grecque pourvu dans son projet de quatre coupolettes, au-dessus des chapelles d'angle, et de campaniles (ill. 44 et 45). À sa mort ne s'élèvent encore que les gigantesques piliers d'esprit baroquisant destinés à soutenir le tambour central.

Mais les caractéristiques de sa manière (la monumentalité, l'ordre dorique, le plan en croix grecque) s'imposent aux milieux artistiques comme en témoignent Antonio da Sangallo l'Ancien (1455-1534), auteur de San Biagio (Montepulciano), et son neveu homonyme, Antonio di Bartolomeo Cordoni, dit

48. Palais Farnèse, élévation de la cour intérieure. Gravure. Paris, Bibliothèque de France, cabinet des Estampes.

Sangallo le Jeune (1483-1546). Outre sa collaboration aux travaux de Saint-Pierre, ce dernier fixe au palais Farnèse le type de la grande maison patricienne (modifié en 1534) [ill. 48].

Raphaël architecte et Peruzzi. De Bramante, le peintre Raphaël (1483-1520), qui lui succède à Saint-Pierre en 1514, retient surtout la leçon d'harmonie et de grandeur classicisante, en particulier dans ses églises en croix grecque (Saint-

49. Baldassare Peruzzi, villa La Farnésine, 1508-1511. Rome.

Éloi-des-Orfèvres). Mais le peintre réapparaît dans le traitement polychrome des surfaces (chapelle Chigi à Sainte-Marie-du-Peuple). À la villa Madame, l'interprétation ingénieuse de l'Antiquité acquiert une liberté de ton égale dans l'aménagement scénique (exèdre du jardin) et le décor (grotesques de la Grande Salle).

Baldassare Peruzzi (1481-1536) traite dans le même esprit la Farnésine (1508-1511), modèle de la villa suburbaine qu'ouvrent largement sur les verdures et l'espace extérieur loggia, ailes latérales et trompe-l'œil (salle des Colonnes) [ill. 49]. Œuvre de vieillesse, son palais Massimo alle colonne introduit toutefois une première désagrégation du langage classique par la courbe de sa façade et certains effets gratuits (contrastes surprenants de lumière, fausses baies, double étage de « mezzanines » au-dessus de l'étage noble) qui annoncent l'esprit maniériste.

Michel-Ange architecte. Ce n'est que tardivement, en 1546 sous Paul III, que Michel-Ange fait œuvre d'architecte à Rome, où il succède à Sangallo à la fois à Saint-Pierre et au palais Farnèse. À Saint-Pierre, alors que Sangallo et Raphaël étaient revenus au plan longitudinal plus soumis à l'esprit de la Contre-Réforme, il reprend le plan central auquel il veut donner un couronnement gigantesque. Au palais Farnèse, il enrichit la façade d'une loggia surmontée d'un énorme écusson et fait saillir une corniche plus large (ill. 50) : licences volontaires auxquelles s'ajoute sur cour un étage supplémentaire de pilastres triplés d'une ordonnance froide et majestueuse : sorte

50. Antonio da Sangallo le Jeune, palais Farnèse, 1534. Paris.

51. Michel-Ange, vestibule de la bibliothèque Laurentienne, 1524-1534. Florence, Saint-Laurent.

de manifeste de l'architecture moderne par l'affirmation de l'ordre colossal et la substitution de l'entablement droit aux traditionnelles arcades.

Mais l'originalité de sa manière apparaît davantage à Florence, dans l'église Saint-Laurent, où quelque vingt ans plus tôt, à la demande de Léon X, pape Médicis, il a aménagé la Nouvelle Sacristie en mausolée pour la famille du pontife. Là, il a imprimé au schéma brunelleschien une tension nerveuse par le jeu des moulurations, le graphisme de la pierre grise (*pietra serena*) et la progression discontinue des niveaux jusqu'à la coupole. Toujours à Saint-Laurent, il a érigé la Bibliothèque Laurentienne, caractéristique par l'opposition de ses deux volumes : la longueur de la salle de lecture et la hauteur du vestibule (1524-1534) [ill. 51]. L'espace comprimé du vestibule contient en germe tout le formalisme artificiel du « maniérisme » : les supports ne portent pas, les masses ne pèsent pas. Au lieu de faire franchement saillie, les colonnes se dérobent, les panneaux se déboîtent. Frontons, fenêtres à tabernacle et consoles ne sont plus que décor gratuit. Tous ces éléments obéissent à une grammaire classique mais leur emploi se veut résolument anticlassique.

VENISE ET LA VÉNÉTIE

À Padoue, Giovanni Maria Falconetto (1468-1535) introduit, le premier, le nouvel art classicisant apparu à Rome qu'il restitue avec clarté et souplesse (Loggia Cornaro).

52. Sansovino, Loggetta du Campanile, 1537-1540. Venise.

Nommé en 1529 architecte en chef de Venise, Jacopo Tatti, dit le Sansovino (1486-1570), convertit la cité au grand style classique et décoratif de Peruzzi et de Raphaël. À la rigueur monumentale (palais Corner) s'allient alors le goût local pour l'animation des surfaces, les oppositions de plein et de vide et les jeux de lumière (Loggetta du Campanile [ill. 52] ; Bibliothèque complétée par Scamozzi [ill. 53]). Le milieu vénitien voit éclore également l'œuvre de publication de Sebastiano Serlio (1475-1554). Les premiers livres de son traité, parus avant son départ pour la France, propagent une pensée nourrie aux leçons romaines mais également marquée par la sensibilité locale.

Avec Michele Sanmicheli (1484-1559), qui œuvre surtout à Vérone, le « grand style » commence, sous l'influence de Jules Romain, à céder aux tentations maniéristes ainsi qu'en témoigne la multiplication des bossages énormes, traités dans le goût rustique (Vérone, Porte neuve, Porte Palio). Au palais Bevilacqua et au palais Canossa, il plie l'ordonnance à un chevauchement d'éléments corrects et de licences pour renchérir sur l'effet de monumentalité.

53. Sansovino, Piazzetta, la bibliothèque, complétée par Scamozzi, v. 1530. Venise.

Bien qu'à une échelle différente, Rome et Florence cherchent à tirer des programmes artistiques l'image de leur ambition politique et militaire.

Michel-Ange (1475-1564). Dès le début du siècle, Michel-Ange Buonarroti, sensible à la leçon de Donatello et de l'Antiquité (*Bacchus ivre*, Florence, Bargello), s'impose par sa puissance de création pathétique (*Pietà*, Rome, Saint-Pierre) et monumentale (*David*, Florence, galerie de l'Académie [ill. 54]). Appelé de Florence à Rome, il y jette les premiers projets du tombeau de Jules II qui, après de nombreux avatars, devait se réduire à quelques morceaux graves et énergiques (*Moïse*, Rome, Saint-Pierre-aux-Liens [ill. 55]) mais dont subsistent des témoins extraordinaires d'intensité plastique (*Esclaves*, Louvre [ill. 56]). Au mausolée des Médicis, à Florence, il sculpte de même des allégories d'une plénitude « héroïque » et spirituelle inédite (Saint-Laurent, Nouvelle Sacristie, *Le Jour et la Nuit*, *L'Aurore et le Crépuscule*). Mais au décor antiquisant d'une élégance somptueuse et froide, s'oppose un déséquilibre volontaire dans l'allongement de certaines figures plus tardives (*Julien de Médicis* ; *La Vierge à l'enfant*). Dans leur état d'inachèvement, les dernières œuvres représentent autant de vestiges du combat que le sculpteur, déchiré par sa quête mystique, livre à la matière (*Pietà Rondanini*, Milan, château Sforza).

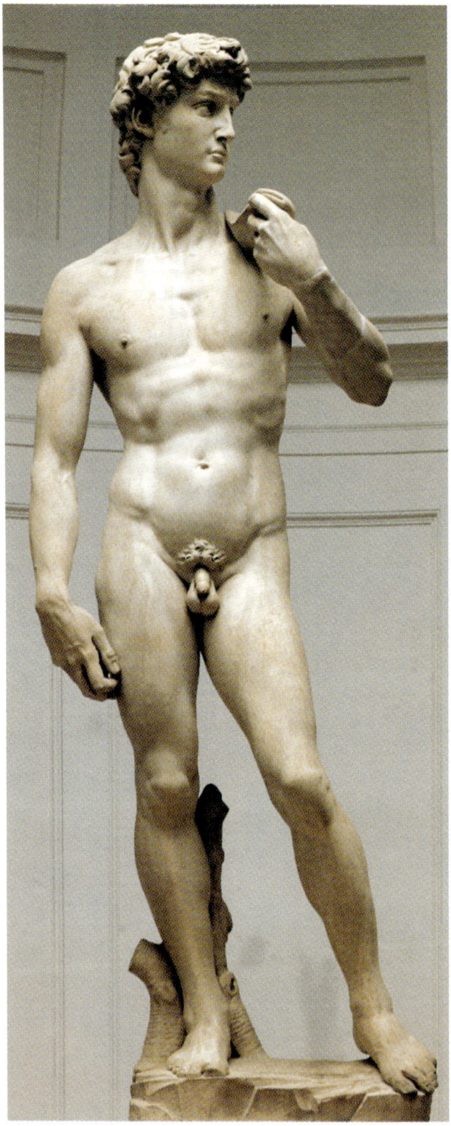

54. Michel Ange, *David*, 1501-1504. Florence, galerie de l'Académie.

Les Sansovino. Seul artiste à pouvoir rivaliser avec Michel-Ange en cette première moitié du siècle, Andrea Contucci, dit Sansovino (1470 ?-1529), se distingue par un classicisme serein, exempt de tension, dont l'équilibre raffiné enveloppe aussi bien ses figures isolées (*Le Baptême du Christ*, Florence, Baptistère) que ses monuments funéraires (*tombeau de Girolamo della Rovere*, Rome, Sainte-Marie-du-Peuple). Avant de s'établir à Venise, son collaborateur, l'architecte Jacopo Tatti, dit lui aussi le Sansovino, insuffle à ce style un sens plus généreux du modelé et des jeux de lumière (*Bacchus*, Florence, Bargello).

55. Michel Ange, *Moïse*, v. 1515. Rome, Saint-Pierre-aux-Liens.

56. Michel-Ange, *Esclave*, 1513. Paris, musée du Louvre.

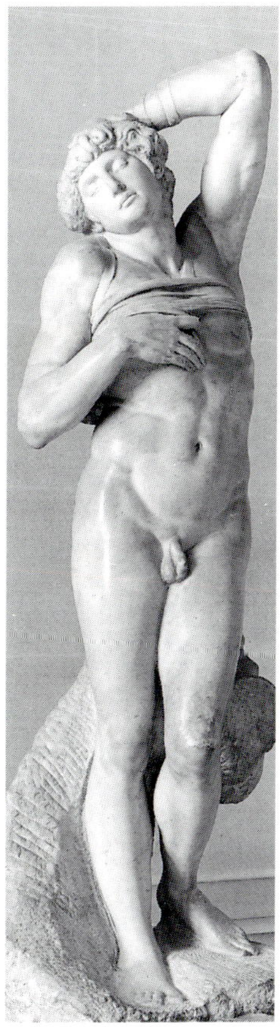

ROME : LE GRAND CLASSICISME

À Rome, la conjonction du mécénat pontifical et de fortes personnalités artistiques donne jour dans les vingt premières années du siècle à un épanouissement décisif de la peinture et du grand décor.

Raphaël et l'harmonie classique. Raphaël Sanzio doit d'abord à son maître le Pérugin la mesure et l'équilibre aéré de ses compositions. Mais chez lui, l'heureux balancement des lignes et des architectures spacieuses, le traitement juste et délicat des physionomies échappent à cette afféterie mièvre commune aux Ombriens (*Le Mariage de la Vierge*, Milan, Brera [ill. 57]). Tempérament réceptif, il assimilera ensuite le « sfumato » et les schémas de composition de Vinci mais, au lieu de céder au clair-obscur mystérieux de celui-ci, demeurera fidèle à l'exigence de clarté et de précision de sa quête (*La Belle Jardinière*,

57. Raphaël,
Le Mariage de la Vierge,
1504. Milan, Brera.

58. Raphaël, *L'Incendie du Borgo*, 1514. Rome, Vatican, Chambre de l'Incendie.

Louvre). En collaboration avec son atelier, la limpidité de sa manière annexera de même, sans faiblir, le style héroïque de Michel-Ange (*Sibylles* de Sainte-Marie-de-la-Paix) comme certaines recettes du luminisme vénitien (Vatican, Chambre d'Héliodore, *Messe de Bolsene*). Rêverie suave (*Madone à la chaise*, Florence, Pitti), intensité grave et tendue (*Madone Sixtine*, Dresde) et, pour finir, maîtrise raffinée du registre émotionnel (*Transfiguration*, Vatican) trouvent en lui un interprète rompu à restituer la richesse intérieure et à hausser chaque caractère au type complémentaire, à l'idéal (*Portrait de Castiglione*, Louvre).

Raphaël et le grand décor. Mais nulle part cette plénitude harmonieuse ne triomphe davantage que dans ses fresques murales qui font de lui un des premiers décorateurs de son temps. Au Vatican, à la demande de Jules II, il garnit avec son atelier trois salles *(Stanze)* du nouvel appartement pontifical de peintures aux vastes thèmes allégoriques : la Chambre de la Signature (1509-1511), la Chambre d'Héliodore (1511-1514) et la Chambre de l'Incendie (1514-1517). À l'exception de cette dernière qui, laissée pour l'essentiel à l'exécution de l'atelier, se fait nettement l'écho des anatomies expressives et dramatiques de Michel-Ange (*L'Incendie du Borgo* [ill. 58]), l'ensemble ré-

pond au même parti de synthèse harmonieuse : la science du groupement, le sens heureux de la distribution et de la perspective, l'aptitude à soumettre la variété des détails au sens profond de l'œuvre (*L'École d'Athènes*, Chambre de la Signature [ill. 59]). Tout concourt à l'unité et à l'expression noble et sereine du thème central : la continuité entre la culture classique et les valeurs de la chrétienté, la finalité commune de l'esprit humaniste et de l'esprit religieux.

À la maîtrise du langage allégorique, Raphaël ajoute ensuite la richesse inventive du répertoire décoratif des « grotesques » (de grotte, cave) dont les modèles antiques, mis à jour, fascinent ses collaborateurs Peruzzi, Giovanni da Udine (1485-1564), Perino del Vaga (1501-1547) et Jules Romain (1499-1546) [ill. 60]. Après la villa Madame, ce sont surtout les loges du Vatican qui, à partir de 1518, vont servir de cadre à l'élaboration de ce style décoratif, gouverné par le goût de l'arabesque, des rinceaux, des cartouches et des architectures en trompe-l'œil qu'animent putti, volatiles et monstres fantaisistes (ill. 61).

61. Vue d'ensemble d'une des loges, 1517-1519. Rome, Vatican.

Michel-Ange : la « terribilità ». Face à un Léonard ou un Raphaël, Michel-Ange Buonarroti se distingue par son génie tourmenté. Les premières expériences picturales, à Florence, l'opposent à Vinci (projet pour la bataille de Cascine) à qui il emprunte d'ailleurs son « sfumato » et ses schémas de composition mais pour leur insuffler une vigueur plastique qui tient déjà à la découverte du pouvoir expressif des corps nus (*La Sainte Famille*, Florence, Offices). Enfin, entre 1508 et 1512, il décore la voûte de la chapelle Sixtine au Vatican. Ses six cents mètres carrés réunissent dans une orchestration triomphale l'infinie diversité d'expressions liées au corps humain. Cette geste monumentale, consacrée à la foi, représente à ce titre l'aboutissement de deux siècles de recherche. Mais le génie personnel de Michel-Ange pulvérise en même temps l'idéal d'équilibre cher jusqu'ici à la Renaissance. À la chapelle Sixtine, la recherche d'expressivité fait éclater volontairement

Page ci-contre :
59. Raphaël, *L'École d'Athènes*, 1509-1510. Rome, Vatican, Chambre de la Signature.

60. Giovanni Antonio Bazzi (dit Le Sodoma), fresque : détail de grotesque.

62. Michel-Ange,
La Sybille de Delphes,
1509. Rome, Vatican,
voûte de la chapelle
Sixtine.

l'ordre et l'unité classiques ainsi que l'échelle des proportions d'ensemble. La violence d'évocation du peintre, sa *terribilità*, s'incarnent bien sûr dans le dynamisme de la composition mais surtout dans le gigantisme de certaines Figures « héroïsées » (*Les Douze Prophètes et Sibylles* [ill. 62]). Alors, cet élan surhumain donne jour à une exacerbation plastique du drame (*Supplice d'Amam* ; *Le Jugement dernier*) et à une violence frénétique jamais atteintes encore avec une telle intensité. Ce style dramatique s'impose à la même époque au milieu romain, et d'abord à l'atelier de Raphaël (Vatican, salle de Constantin), dès lors mobilisés par la quête systématique de cette puissance expressive. Pour une bonne part, la rhétorique qu'à la suite de Jules Romain la jeune génération va mettre en œuvre, avec le « maniérisme », n'aura pas d'autre origine.

FLORENCE ET L'ITALIE DU NORD

À sa technique du « sfumato », Léonard de Vinci ajoute d'autres atouts, dont le climat poétique et tonal du clair-obscur (*Mona Lisa*, Louvre) et certains schémas unificateurs, qui parachèvent la fusion des figures dans le paysage (*Sainte Anne*, Louvre, carton à la Royal Academy, Londres). Puis son œuvre, travaillée par un génie exceptionnel, entre peu à peu dans un domaine exclusivement expérimental et scientifique. En revanche, son influence domine à Florence où la rejoint celle de Raphaël : cette double leçon explique la plénitude souplement classicisante d'un Fra Bartolomeo (1475-1517) et d'un Andrea del Sarto (1486-1530). Plus au nord, les disciples directs de Léonard, parmi lesquels se détachent Andrea Solario (1460 ?-1524) et Bernardino Luini (1480 ?-1532), développent son héritage dans des voies diverses.

VENISE

Giorgione (1477-1510). Aux dernières années de Giovanni Bellini († 1516) correspond l'épanouissement subit mais très bref de Giorgione. L'apport de ce dernier se résume au triomphe du luminisme, marqué par la recherche unique des « valeurs tonales » et, grâce à l'utilisation du « sfumato » et du clair-obscur de Léonard, par un assouplissement sensible de la vision plastique. L'unification de la composition par la lumière va de pair avec une sensibilité nouvelle pour les caprices de l'atmosphère, les états fugitifs de la nature, assortis parfois d'un contenu mystérieux (*L'Orage*, Venise, Académie [ill. 63]) ou même ésotérique. Mais surtout cette quête atmosphérique prend corps dans l'évocation d'un monde paisible et harmonieux de pastorales et de mythologies (*La Vénus couchée*, Dresde) dont le climat sensuel va s'imposer à l'école vénitienne (*Le Concert champêtre*, Louvre).

Titien (1485 ?-1576). Parmi les émules de Giorgione, tels Palma le Vieux (1480-1528), Salvoldo (1480 ?-1548 ?) ou Sebastiano del Piombo (1485-1547), aucun n'exerça une royauté comparable à celle de Tiziano Vecellio, dit Titien (ill. 64). Pas même Lorenzo Lotto (1480 ?-1556) qui, à la peinture tonale, ajoute peu à peu une expressivité dramatique empruntée aux artistes du Nord dont Dürer (ill. 66). Seul, Titien saura fondre apport romain et luminisme vénitien dans un art de pleine maîtrise et en imposer l'équilibre chaleureux au-delà des frontières. Au rayonnement giorgonesque de ses débuts (*L'Amour sacré* et

63. Giorgione, *L'Orage*. Venise, galerie de l'Académie.

L'Amour profane, Rome, villa Borghèse) succède donc une période de grande synthèse classicisante, riche en monumentalité et en dynamisme (*L'Assomption*, Venise, Frari) mais empreinte également d'émotion directe (*La Mise au tombeau*, Louvre [ill. 65]). Vient ensuite une brève phase de tentation maniériste puis, avec la vieillesse, un art abondant en œuvres pathétiques et profondes, sans cesse plus libres (*Le Couronnement d'épines*, Munich).

64. Titien, *La Vénus d'Urbino,* 1538. Florence, Offices.

65. Titien, *La Mise au tombeau*, v. 1525. Paris, musée du Louvre.

66. Lorenzo Lotto,
Déposition, 1512.
Jesi, pinacothèque civile.

PARME

Le Corrège (1489 ?-1534). À Parme, Antonio Allegri, dit le Corrège, oppose à la vision idéalisée de Rome et de Venise une troisième voie fondée sur le charme suave et la beauté du sentiment. Ses goûts le portent vers un coloris tendre et un clair-obscur rompu à envelopper doucement les chairs (*Jupiter et Io*, musée de Vienne). Mais sa prédilection pour le raccourci et le trompe-l'œil est à l'origine d'un des premiers exemples de dissolution des limites du cadre pictural et architectural par la représentation des ciels fictifs et l'ouverture des perspectives

plafonnantes (*Assomption de la Vierge*, coupole de la cathédrale de Parme). Les raccourcis des figures planantes, le goût des obliques générateur d'instabilité et « d'apesanteur » : cette rhétorique du mouvement et de l'extase porte en elle la destruction de l'ordre classicisant forgé jusque-là par la Renaissance. Avec Le Corrège, le XVIe siècle italien entre déjà dans l'âge baroque (ill. 67).

67. Le Corrège,
Vision de saint Jean à Patmos, 1520-1524.
Parme,
Saint-Jean-l'Evangéliste,
fresque de la coupole.

CHAPITRE III

LE MANIÉRISME

Page ci-contre :
68. Pontormo,
Déposition de croix, 1526.
Florence, Offices.

CARACTÈRES GÉNÉRAUX

À partir des années 1527-1530, l'esprit triomphant de la Renaissance connaît une crise brutale, due à un ensemble de facteurs politiques, religieux, économiques et artistiques, qui détruit l'optimisme serein du début du siècle. Le sac de Rome en 1527, synonyme d'effondrement de la politique papale, la mainmise croissante des Espagnols sur l'Italie et la nécessité pour l'Église d'opposer un obstacle aux progrès alarmants de la Réforme : telle est la toile de fond sur laquelle se détachent les interrogations des artistes. Écrasés par l'exemple des géants du début du siècle, Raphaël, Michel-Ange et Léonard, ces derniers cèdent à deux tentations : l'imitation outrée des grandes formules stylistiques dès lors vidées de leur contenu ; l'exacerbation du « moi », de la singularité du créateur à travers son expression spécifique : « *la maniera* ».

En ce sens, le maniérisme, héritier de la « terribilità » de Michel-Ange, recouvrira toute tendance à la transformation arbitraire et à la déformation du réel, au service de « l'expressivité » et de la recherche du « grand style ». Ce parti pris de nervosité subjective et d'affectation émotionnelle entraîne d'abord une réinterprétation des thèmes traditionnels, dans un sens dramatique. Puis, la floraison des petites cours dans la péninsule favorise une « manière » plus aristocrate, partagée entre la seule virtuosité scénographique et la recherche de la distinction dans les effigies.

Page ci-contre :
69. Jules Romain, palais du Té, façade sur la cour, v. 1499-1546. Mantoue.

70. Jules Romain, palais ducal, cour du Manège. Mantoue.

Jules Romain à Mantoue. Élève de Raphaël et son collaborateur aux « Stanze », Giulio Pippi, dit Jules Romain, donne entre 1525 et 1530 une des premières expressions totales du maniérisme au palais du Té à Mantoue (ill. 69). À la demande de Frédéric II de Gonzague, il élève une architecture de tension et de contrastes. Les caractéristiques en sont un vocabulaire à la fois vigoureux et raffiné, l'étirement anormal des façades et l'opposition violente des matériaux bruts (bossages plats ou rustiques) et des matériaux façonnés. L'association énergique et délibérée d'éléments classiques et de licences, la recherche du pittoresque et de « l'expressivité », sont également sensibles au palais ducal de Mantoue (arcades et colonnes torses de la cour du Manège) [ill. 70].

Florence. À Florence, le maniérisme pouvait se prévaloir de l'héritage prestigieux de la Bibliothèque Laurentienne réalisée par Michel-Ange. Le peintre Vasari adopte un vocabulaire semblable lorsqu'il érige la longue et froide aile des Offices que rachète seule la Loggia sur l'Arno. De son côté, Bartolemeo Ammannati (1511-1592) accorde la leçon de Mantoue à l'art de Brunelleschi dans ses remaniements du palais Pitti où il traite les ailes et la cour de manière scénique et pittoresque.

La Vénétie : L'exemple unique de Palladio. À travers l'étude de Vitruve (dont il donne une réédition en 1556), l'art d'Andrea di Pietro dalla Gondola, dit Palladio (1508-1580), se distingue à partir du milieu du siècle par un retour au juste emploi des éléments architecturaux et une exacte économie de moyens. Dès lors l'adaptation des formes de l'Antiquité aux besoins modernes va se traduire par des recherches incessantes dont témoigne l'œuvre publiée (*Les Quatre Livres*, 1570). Sur le terrain, la franchise des volumes, l'heureuse définition des masses, régies par une harmonie profonde entre les parties, se mesurent aussi à l'accord subtil de l'édifice avec son cadre naturel dans le programme des villas qu'il finit par traiter comme des maisons-temples (villa Malcontenta ; Vicence, villa Rotonda [ill. 71 et 72]). Palladio s'attaquera de même au problème lié à l'adaptation de la forme du temple aux façades d'église (Venise, Saint-Georges-le-Majeur). L'ordre colossal réapparaît à Vicence, mais de manière plus expressive, dans nombre de palais urbains, publics ou privés, comme la Loggia

71. Andrea Palladio, villa Rotonda, 1550 et suiv. Vicence.

du Capitaine ou le palais Valmarana. L'esprit maniériste resurgit également dans les effets pittoresques tirés des contrastes entre surfaces rustiques et surfaces nettes (palais Thiene) et entre parties plongées dans l'ombre et parties livrées à la lumière (palais Chiericati). Cet aspect mouvementé et pictural de l'œuvre provient en partie de Serlio dont il adopte avec bonheur la triple ouverture : sorte de baie centrale terminée en plein cintre et flanquée de deux baies latérales, habituellement plus étroites et couvertes d'un linteau (Vicence, la Basilique) [ill. 73].

Rome. À partir de la seconde moitié du siècle, Rome retrouve le rôle qu'elle avait perdu depuis le sac de la ville en 1527. Les dernières fantaisies maniéristes excellent à unir la maison de plaisance aux jardins, aux terrasses, aux nymphes et aux jeux hydrauliques (villa d'Este à Tivoli ; villa Pia de Pie IV au Vatican). À ces mises en scène, Ammannati ajoute à la villa Giulia (casino de Jules III) des effets optiques en écran et en

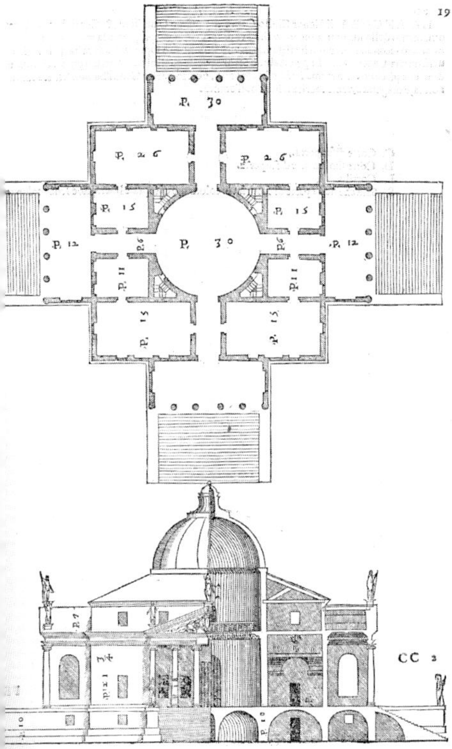

72. Andrea Palladio, villa Rotonda. Vicence. Plan et coupe d'après *Les Quatre Livres,* 1570. Paris, Bibliothèque de France, cabinet des Estampes.

73. Andrea Palladio, villa Rotonda. Vicence. Elévation de deux travées en serlienne d'après *Les Quatre Livres,* 1570. Paris, Bibliothèque de France, cabinet des Estampes.

hémicycle, Taddeo Zuccaro (1529-1561), secondé par son frère Federigo (1542-1609), les lourds accents décoratifs de ses mythologies et de ses stucs de goût « grotesque ».

LA SCULPTURE

C'est essentiellement à Florence qu'elle trouve une expression maniériste avec l'affectation classicisante d'un Baccio Bandinelli (1488-1560), l'éclectisme d'un Benvenuto Cellini (1500-1571), orfèvre et admirable bronzier, rompu à la délicatesse du modelé comme à la tension monumentale (*Persée*, Florence, Loggia de la Seigneurie). Plus jeune, Jean Bologne (1529-1608) ajoute à ce courant le raffinement sensuel et flexible de la ligne (Vénus, villa de La Petraia) et s'adonne aux fantaisies décoratives des jardins (*L'Apennin*, Pratolino, villa Demidoff ; *Vénus sortant du bain*, *L'Abondance*, Florence, jardins Boboli).

LA PEINTURE

Mantoue et Parme. Manifeste puissant du nouveau maniérisme, le décor intérieur réalisé par Jules Romain au palais du Té, à Mantoue, restitue avec exubérance l'Antiquité décorative et sensuelle de Peruzzi ou de Raphaël (*salle de Psyché*, 1527-1531 [ill. 74]). Mais cet art mouvementé réduit la « terribilità » de Michel-Ange à un registre d'une violence expressive plus affectée et plus fantaisiste que dramatique (*salle des Géants*, 1530-1535 [ill. 75]). Aux cycles peints répond un décor de stuc et de frise d'un raffinement élancé dû à un collaborateur, le Primatice (1504-1570) qui, avec le Rosso, va fonder, à la demande de François Ier, à Fontainebleau, un centre important du maniérisme international.

76. Le Parmesan,
La Madone au long cou,
v. 1535. Florence,
Offices.

Les caractéristiques de ce style : l'étirement des silhouettes, le goût des schémas sinueux dont la « figure serpentine » (en S), l'abus des figures en raccourci disposées au premier plan comme repoussoir, Francesco Mazzola, dit le Parmesan (1503-1540), élève du Corrège, les assimile le premier, semble-t-il, à un esthétisme libéré des exigences du réel, de l'anatomie (*La Madone au long cou*, Florence, Offices [ill. 76]) et de la perspective traditionnelle (*Mariage mystique de sainte Catherine*, Grande-Bretagne, coll. privée) [ill. 78].

Page ci-contre :
74. Jules Romain, palais du Té, décoration de la salle de Psyché (détail), 1527-1529. Fresque. Mantoue.

75. Jules Romain, palais du Té, décoration de la salle des Géants (détail), 1530-1535. Fresque. Mantoue.

77. Bronzino, *Allégories*, 1540-1545. Londres, National Gallery.

Florence. À Florence, la première génération reprend des conceptions semblables mais en associant l'exemple de Michel-Ange à celui des Nordiques. Ainsi procède Jacopo Carucci, dit le Pontormo (1494-1555), qui vide ses compositions et ses figures de toute pesanteur au profit de l'ondulation et du flottement des formes (*Déposition de croix*, Florence, Sainte-Félicité [ill. 68]). Plus enclin encore à la bizarrerie et à la nervosité maladive est Giovanni Battista di Jacopo, dit le Rosso (1495-1540), qui introduira cependant, à Fontainebleau, à partir de 1530, le grand décor maniériste (galerie François Ier). Avec Agnolo Bronzino (1503-1572) [ill. 77], la seconde génération évolue vers un art de cour plus élégant dans les portraits et une scénographie encore plus gratuite dans les grands programmes (Palais vieux, chapelle d'Éléonore de Tolède). Florence cède alors à un académisme pesant et compliqué à travers l'œuvre de Cecchino Salviati (1510-1563) et de Giorgio Vasari (1512-1574).

78. Le Parmesan, *Amor*, 1534. Vienne, Kunsthistorisches Museum.

81. Tintoret,
Tarquin et Lucrèce, 1559.
Chicago, Art Institute.

Venise. À l'harmonie palladienne correspond la sérénité de l'univers décoratif de Paul Véronèse (1528-1588) [ill. 80]. Épris de coloris clair, de compositions amples et majestueuses relevées par de larges trompe-l'œil, cet art de souple et plein équilibre se tiendra à l'écart du courant nouveau (Maser, villa Barbaro-Volpio).

S'apparente au contraire davantage à l'esprit maniériste le luminisme théâtral et dramatique de Jacopo Robusti (1518-1594), dit le Tintoret (ill. 81), dont la fougue intarissable tire des cycles gigantesques du sentiment fantastique de l'espace (*Miracle de saint Marc*, Venise, Académie et Milan, Brera [ill. 79] ; cycles successifs pour l'École de saint Roch ; *Le Paradis*, Louvre).

À sa suite, un Jacopo da Ponte, dit le Bassan (1510 ?-1592), dégagera du maniérisme du Nord et du Sud une formule sombre et heurtée que l'atelier familial exploitera, non sans lourdeur, dans une veine naturaliste.

Page ci-contre :
79. Tintoret,
Saint Marc libérant un esclave, Venise,
galerie de l'Académie.

80. Véronèse,
Les Noces de Cana,
1562-1563.
Paris, musée du Louvre.

82. Giacomo della Porta, église du Gésù, détail de la façade, 1565. Rome.

CHAPITRE IV

LA RÉACTION DE LA CONTRE-RÉFORME

83. Vignole, façade (non réalisée) de l'église du Gésù. Gravure. Paris, Bibliothèque de France, cabinet des Estampes.

84. Vignole, plan de l'église du Gésù. Gravure. Paris, Bibliothèque de France, cabinet des Estampes.

À Rome, sous l'influence du Concile de Trente (1545-1563), l'esprit de la Contre-Réforme, en réaction à la montée du protestantisme, suscite une forte reprise de l'architecture religieuse. C'est dans ce contexte que Giacomo Barozzi, dit Vignole (1507-1573), se détache le premier du milieu maniériste par un retour progressif à la retenue et à la franchise des masses architecturales (villa Farnèse à Caprarola). La publication de la *Règle des cinq ordres d'architecture* (1562) consacre, à travers l'interprétation de Vitruve, la restauration de principes classiques dont la grammaire connaîtra une application universelle. Mais, expression directe de la Contre-Réforme, ses églises, comme celles de Giacomo Della Porta (1540-1602), exerceront de même une influence considérable. Au Gesù, église-mère des Jésuites (Rome, 1568), le premier plie le plan en croix latine et la nef courte, large et voûtée en berceau, aux exigences de la prédication (ill. 83 et 84). Avec ses frontons emboîtés, ses deux niveaux rythmés par des pilastres et réunis par des ailerons, la façade, due au second, connaîtra un égal succès (ill. 82). Autre témoignage du renouveau de la cité papale, les plans d'urbanisme ordonnés par Sixte-Quint (palais du Quirinal, façade du palais de Latran, tracé de voies, érection de fontaines) trouvent un interprète majeur en Domenico Fontana (1543-1607), lequel achève le dôme de Saint-Pierre avec Della Porta.

CHAPITRE V

LA GRAVURE ET LES ARTS DÉCORATIFS

Au Quattrocento, la diffusion de la première Renaissance a été prise en relais par le développement de l'estampe. À Florence, la gravure sur métal, familière aux spécialistes des nielles, reçoit sa première application systématique à partir des années 1460 grâce à l'orfèvre Maso Finiguerra. Avec Antonio del Pollaiuolo, le burin d'artiste livre ses premières ressources techniques : la netteté et la vigueur des contours (*Bataille d'hommes nus*, v. 1470-1480 [ill. 86]). À la même époque, un Mantegna propage également par l'estampe le répertoire antiquisant qu'il a mis au point (*Les Tritons*, *La Bacchanale*, *Le Triomphe de César*) [ill. 85]. À ces découvertes, le XVIe siècle répond par une large politique de diffusion qui, au peintre-graveur oppose le graveur de reproduction, tel Marc-Antoine Raimondi (1480 ?-1534) interprète favori de Raphaël au burin et responsable du rayonnement universel de son art au-delà des frontières.

86. Antonio Pallaiuolo, *Bataille d'hommes nus*, v. 1470-1480. Gravure. Paris, Petit Palais.

Page ci-contre :
85. Andrea Mantegna, *Le Christ dans les Limbes*. Gravure. Vienne, Graphische Sammlung Albertina.

LES ARTS DÉCORATIFS

La marqueterie. Dès le XVe siècle, la marqueterie ou *intarsio* est stimulée à Florence par la découverte de la nouvelle perspective. Ainsi des ateliers comme celui des frères da Majano ou celui d'Antonio Maretti en exploitent-ils aussitôt les combinaisons géométriques. À Ferrare et à Padoue sous l'influence de Piero, les frères da Lendinara optent pour un style épris de compositions cubiques et architecturales (dôme de Modène). Mais le genre peut s'ouvrir à des thèmes naturalistes, en particulier dans les programmes profanes. L'époque parvient alors à des prodiges d'illusionnisme dans la représentation en trompe-l'œil de placards entrebâillés, d'objets de nature morte et de niches garnies de figures (Urbin, studiolo de F. de Montefeltro par Baccio Pontelli [ill. 87]). À ces styles à dominante géométrique, le XVIe siècle oppose un décor historié de plus en plus ambitieux (basilique de Bergame).

La céramique. Elle connaît un essor important, à partir du XVe siècle, dans la région de Faenza, dont le coloris caractéristique tient à un vernis obtenu par une seconde cuisson (ill. 88). Le décor est d'abord imité de la céramique islamique, connue par l'intermédiaire de Majorque : d'où le nom de « majolique » attribué à cette production. Puis, les centres s'élargissent à la fois au Nord, avec Gubbio, Urbin, Deruta, et à la Toscane, avec Caffagiolo. À dominante bleu et jaune, relevées sur leur bord de réseaux décoratifs, les pièces s'ornent peu à peu au centre de motifs historiés : thèmes héraldiques, scènes mythologiques puis grotesques. Outre les pièces de forme, l'Italie centrale donne aussi jour à une production considérable de pavements et de carrelages.

Le mobilier. Meuble essentiel, le coffre, en forme de parallélépipède, reçoit d'abord un décor de scènes peintes (par un Pesallinno ou même un Filippino Lippi) ou de marqueterie, surtout s'il s'agit d'un coffre de mariage (*cassone*). Mais ce n'est qu'à partir du XVIe siècle que tout un répertoire sculpté en fort relief (scènes mythologiques, masques, chimères, figures d'angle) envahit le coffre dont les dimensions et la physionomie s'apparentent alors à celles du sarcophage antique (ill. 90). D'un seul morceau au départ, l'armoire se divise au XVIe siècle en deux corps superposés pourvus chacun d'un ordre architectural. À l'époque maniériste, elle connaît une variante de luxe avec le cabinet (*studiolo*) où on serre les objets précieux.

À l'origine d'une vogue internationale à partir de la fin du siècle, le cabinet italien réunit toutes les formes de décor : bustes, figures, encadrement architectural en relief ou en ronde-bosse, marqueterie, incrustation d'écaille, d'ivoire, de pierres dures. Son corps supérieur, flanqué le plus souvent de colonnettes, s'ouvre par un abattant sur un réseau de petits vantaux ou de tiroirs disposés dans une ordonnance architecturale. Étroite et longue, la table repose sur des supports extrêmes réunis par une traverse (souvent en arcature), les uns et les autres richement sculptés de motifs torsadés, ajourés, de colonnes, de chimères, de volutes. À la fin du siècle, on commence à rencontrer des plateaux marquetés en pierre dure (spécialité de Florence) et des formes de pieds tournés en balustre. De loin les plus répandus, l'escabeau à trois pieds (*sgabello*) et le siège pliant en X (*sedia*) [ill. 89] reçoivent une ornementation soignée.

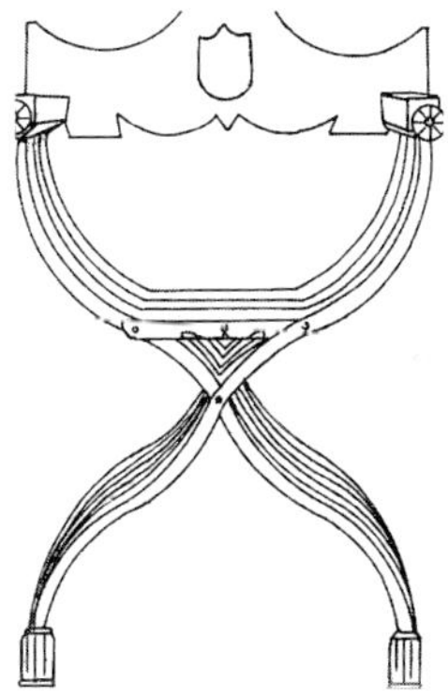

89. Siège pliant en X, (*sedia*). Dessin de Claudine Caruette.

Page ci-contre :
87. Baccio Pontelli, marqueterie du *studiolo* de Frédéric de Montefeltro. Urbin, palais ducal.

88. Portrait d'Hannibal, v. 1510-1520. Faenza. Sèvres, musée national de la Céramique.

90. Coffre en bois sculpté. Paris, musée des Arts décoratifs.

Bibliographie

Chastel, A., *Le Grand Atelier*, « L'Univers des formes », La Renaissance italienne. Paris, Gallimard, 1965.

Heydenreich, L. H., Passavant, G., *Le Temps des génies : Italie 1500-1540*. « L'Univers des formes », La Renaissance italienne. Paris, Gallimard, 1986.

Architecture de la Renaissance italienne de Brunelleschi à Michel-Ange, dir. H. A. Millon et V. Magnano Lampugnani, musée des Monuments français. Paris, Flammarion, 1995.

Chastel, A., *L'Art italien*, Tout l'Art. Paris, Flammarion, 1995.

Cole, A., *La Renaissance dans les cours italiennes*, Tout l'Art. Paris, Flammarion, 1995.

Mignot, Cl., Rabreau, D., (dir.), *Histoire de l'art Flammarion, Les Temps modernes, XVe-XVIIIe siècles,* 1996.

Crédits photographiques

D.R., 9, 12, 15 (bas), 16 (haut gauche et bas droite), 17 (bas), 23 (bas gauche), 25, 26-27, 29 (haut), 32, 36 (bas), 39, 42 (bas gauche), 44 (bas), 48, 53, 54, 57 (haut et bas), 58, 59, 66, 68, 69, 70 (haut), 74, 75, 78 - ITALIE, Brogi, 16 (bas gauche) - PARIS, Arthaud, 14 (haut), 22, 64 ; B.N., 42 (bas à droite), 42 (haut), 44 (haut), 65 (gauche et droite), 73 (haut et bas) ; Flammarion, 8, 11, 14 (bas), 17 (haut droite), 17 (bas), 21 (bas), 24, 28, 29 (bas), 30, 31, 33, 34, 36 (haut), 37, 40, 49 (droite et gauche), 50, 51, 52 (haut et bas), 56, 60, 67 (gauche et droite), 70 (bas), 71, 72, 76 ; R.M.N, 76 (bas), 77 (bas) - VANVES, Alinari, 10 (haut), 13 (haut), 15 (haut), 17 (haut), 19, 23 (bas droite), 46, 47 (haut), 47 (bas), 63 (haut), 63 (bas) ; Alinari-Giraudon, 18, 21 (haut) ; Anderson, 23 (haut) ; Anderson-Giraudon, 10 (bas), 13 (bas), 20 ; Lauros-Giraudon, 45 - Von Matt, 43.

91. Pisanello, Médaille des Leonello d'Este, v. 1441. Coll. part.

Table des matières

TOUT L'ART

Le projet de la collection TOUT L'ART est de constituer une bibliothèque universelle de l'art à l'usage de tous les publics, depuis les débutants jusqu'aux étudiants ou aux connaisseurs.

Il n'existe pas à ce jour de collection d'ensemble permettant à tout un chacun de s'initier à une civilisation ou à un mouvement artistique, de consulter un dictionnaire pour éclaircir un terme technique d'architecture, d'approfondir dans tous ses aspects sa connaissance de l'art d'un pays ou encore de vérifier quel personnage de la Bible ou du Panthéon égyptien désignent des attributs comme la roue ou la tête de faucon.

À ces attentes comme à ces questions TOUT L'ART garantit la bonne réponse en s'attachant à satisfaire tous les besoins et tous les niveaux d'acquisition des connaissances grâce à ses différentes séries.

Les séries :

TOUT L'ART Grammaire des styles

Le premier palier d'apprentissage des mondes de l'art, avec le parti pris de clarté et la mise en évidence des notions essentielles qui ont fait l'immense succès de la Grammaire des styles.

L'Art égyptien
L'Art romain
La Renaissance italienne

TOUT L'ART Contexte

C'est la série d'initiation et de synthèse par excellence, axée sur l'éclairage des conditions historiques, économiques, politiques et culturelles de la création artistique.

L'Artiste impressionniste
La Renaissance dans les cours italiennes
La Renaissance dans les pays du Nord
Le Corps photographié
Le Japon de la période Edo
Le Monde roman
Le Siècle d'or en Hollande

TOUT L'ART Histoire

Les grands sujets d'histoire de l'art traités à travers de grands textes de référence, eux-mêmes écrits par les meilleurs spécialistes.

L'Art de l'Inde et de l'Asie du Sud-Est
L'Art égyptien
L'Art italien
L'A ant-garde russe

TOUT L'ART Monographie

Les grands écrits monographiques irremplaçables par l'apport de leur texte à notre connaissance de l'artiste.

Brancusi
Caillebotte
Cézanne
Courbet

TOUT L'ART Encyclopédie

Tous les guides et dictionnaires indispensables dans une bibliothèque pour se repérer dans l'univers de l'art et de la culture.

La Bible et les saints
Les Dieux du bouddhisme
Héros et dieux de l'Antiquité
Les Dieux égyptiens
Les Ordres religieux